DIE REIHE
Archivbilder

FRANKFURT-HÖCHST

Wo die Zeit bis heute stehengeblieben ist: Der Zollturm, eines der Wahrzeichen der mittelalterlichen Stadt, in einer Aufnahme aus dem Jahr 1901.

DIE REIHE
Archivbilder

FRANKFURT-HÖCHST

Markus Grossbach

SUTTON
VERLAG

Sutton Verlag GmbH
Hochheimer Straße 59
99094 Erfurt
www.suttonverlag.de

Copyright © Sutton Verlag, 2001

ISBN 978-3-89702-333-8

Druck: Books on Demand GmbH, Norderstedt, Deutschland

Dieser Band entstand in Zusammenarbeit mit der Bürgervereinigung Höchster Altstadt e.V. und dem Verein für Geschichte und Altertumskunde, Höchst e.V. sowie mit Unterstützung der Firma HistoCom GmbH.

Blick vom Schloßturm nach Osten im Jahr 1930. Im Vordergrund die Scheunengebäude des ehemaligen Propsteihofs zwischen Schloßplatz und Justinuskirche.

Inhaltsverzeichnis

Einleitung 7

1. Bilder aus dem alten Höchst 11

2. Leben am Fluß 37

3. Die neue Stadt 51

4. Feste, Freizeit und Geselligkeit 69

5. Handel und Gewerbe 85

6. Bilder aus der Höchster Geschichte 107

Plan der Stadt Höchst um 1850 mit Nachträgen bis 1864. Der Ausschnitt zeigt die noch voll-
ständig von ihrem mittelalterlichen Bering begrenzte Altstadt. Der bereits aufgelassene Stadt-
graben ist anhand der Parzellengrenzen noch gut erkennbar. Nördlich der Altstadt erkennt
man die Schleifmühle, die sich östlich vom heutigen Marktplatz befand. Rechts oben die Große
Taunusstraße, die als Königsteiner Straße bald zu einer der wichtigsten Entwicklungsachsen der
Stadt werden sollte.

Einleitung

„Wir kamen durch das artige Städtchen Höchst, welches 2 Stunden von Frankfurt eine vortreffliche und sehr gesunde Lage hat." So beschreibt der Schriftsteller und Publizist Johann Caspar Riesbeck im Jahr 1783 in kurzen Worten seine Vaterstadt Höchst und charakterisiert damit eine Situation, wie sie sich dem Reisenden noch über die Mitte des 19. Jahrhunderts hinaus praktisch unverändert darbot. Danach setzte jedoch eine rasante wirtschaftliche und in der Folge auch städtebauliche Entwicklung ein, aus der das verschlafene Örtchen binnen weniger Jahrzehnte als überregional bedeutender Industriestandort und als eine moderne Stadt hervorging. Alle Anstrengungen, das Erreichte nach dem Ende des Ersten Weltkrieges zu sichern und weiter auszubauen, konnten jedoch nicht verhindern, daß Höchst im Jahr 1928 seine kommunale Selbständigkeit verlor, wobei die Eingemeindung nach Frankfurt am Main zwar nicht das Ende, aber doch eine tiefe Zäsur in der Geschichte der Stadt darstellte. Gerade eine knappe Viertelstunde Zugfahrt trennt Höchst heute von der Frankfurter City und längst ist es nicht nur politisch, sondern auch topographisch ein Teil der Mainmetropole geworden. Zwar nahm Höchst noch lange Zeit eine gewisse Sonderstellung unter Frankfurts Stadtteilen ein, doch spätestens der Verlust seiner Funktion als Verwaltungsmittelpunkt des Main-Taunus-Kreises im Jahr 1987 markierte eine Wende und den Beginn einer bis heute nicht abgeschlossenen Periode des wirtschaftlichen und sozialen Umbruchs.

Die Zeit ist also auch in Höchst keineswegs stehengeblieben, oder nur spurlos daran vorübergegangen. Und doch haben sich hier, von Fortschritt und Kriegszerstörung weitgehend verschont, sowohl ein historisch gewachsenes Stadtbild, als auch das lebendige Bewußtsein für die Geschichte des Ortes bis heute erhalten. Schon seit mehr als einem Jahrhundert haben sich nicht nur Heimatforscher sondern auch Historiker und Kunstwissenschaftler intensiv mit dieser Geschichte und ihren Zeugnissen auseinandergesetzt und sie in zahlreichen Veröffentlichungen darzustellen und zu erklären versucht. Ihr Interesse galt vornehmlich der älteren Geschichte von Höchst, seinen zahlreichen Baudenkmälern und wichtigen historischen Ereignissen. Darstellungen zur Alltagswelt und zur jüngeren Geschichte sind hingegen rar, oder fehlen ganz und auch das vorliegende Buch erhebt keineswegs den Anspruch, diese Lücke schließen zu können. Es ist jedoch der Versuch, anhand einer umfangreichen Sammlung historischer Fotografien eine Epoche zu dokumentieren, deren Bild sich mehr und mehr der persönlichen Erinnerung zu entziehen droht, oder bereits in Vergessenheit geraten ist. Der zeitliche Rahmen dieses „Bilderbuchs" wird von der Entwicklung des Mediums Fotografie einerseits und vom gängigen Empfinden für abgeschlossene historische Zeiträume andererseits bestimmt. Die durch diese beiden Faktoren definierte Periode reicht von etwa 1860 bis 1960 und es mag bloßer Zufall sein, daß diese Eckdaten zugleich auch eine der wichtigsten und bewegtesten Etappen in der jüngeren Geschichte von Höchst markieren.

Viele der Aufnahmen aus der Zeit vor 1890 stammen aus der Hand professioneller Fotografen, von denen um die Wende vom 19. zum 20. Jahrhundert immerhin ein gutes halbes Dutzend in Höchst ansässig war. In ihren Ateliers entstanden hauptsächlich Gruppenbilder und Portraitaufnahmen, aber gelegentlich waren sie auch mit der Kamera unterwegs, um wichtige Ereignisse und gelegentlich auch die Stadt und ihre Bauwerke abzulichten. Unter Ihnen war auch der wohl bekannteste Frankfurter Fotograf, Karl-Friedrich Mylius (1827-1916), von dem die ältesten der in diesem Buch gezeigten Aufnahmen stammen. In zunehmendem Maße bemächtigten sich jedoch bald auch Laien der vergleichsweise noch immer recht aufwendigen Technik und begannen damit, ihre Umwelt und das lokale Geschehen mit der Kamera zu dokumentieren. Spätestens mit der Einführung von Rollfilmen und Kleinbildkameras wurde das Medium Fotografie zum Allgemeingut und fortan wurde alles, was die Menschen in irgend einer Weise berührte und bewegte, im Bild festgehalten.

Bei der Zusammenstellung der Fotos zu diesem Buch wurde Wert darauf gelegt, soweit als möglich noch unveröffentlichtes Material zu verwenden. Es stammt überwiegend aus dem Archiv des Vereins für Geschichte und Altertumskunde, der diese Dokumente schon seit der Frühzeit seines Bestehens systematisch sammelt. Hierzu zählen auch die Bilder des in den dreißiger bis fünfziger Jahren des 20. Jahrhunderts in Höchst tätigen Journalisten und Fotografen Heinrich Bauer, dessen mehrere tausend Negative umfassender und bislang noch unbearbeiteter Nachlaß eine zeithistorische Quelle ersten Ranges darstellt. Ergänzt wird die Auswahl durch Aufnahmen des Instituts für Stadtgeschichte, Frankfurt a.M., der Firma HistoCom GmbH, sowie durch Bilder aus Privatbesitz, für deren Überlassung an dieser Stelle herzlichst zu danken ist.

Die Präsentation der Bilder erfolgt in mehreren Abschnitten, wobei jedoch auf die Einhaltung einer strengen zeitlichen Chronologie bewußt verzichtet wurde. Vielmehr sind es topographische und historische Zusammenhänge, die diese Gliederung bestimmen und dazu beitragen, bei der Fülle des Materials eine gewisse Übersichtlichkeit zu wahren. Den Anfang machen dabei -fast schon selbstverständlich- die „Bilder aus dem alten Höchst“, dessen noch immer malerisches Erscheinungsbild heute leicht vergessen macht, daß die Zeit auch in der Altstadt nicht stehen geblieben ist. Noch deutlicher läßt sich dieser Wandel natürlich im Bereich außerhalb der mittelalterlichen Stadtmauern nachvollziehen, da, wo infolge des wirtschaftlichen Aufschwungs und binnen weniger Jahrzehnte „Die neue Stadt“ quasi aus dem Boden gestampft wurde. Neben der städtebaulichen Entwicklung gilt es in diesem Rahmen jedoch auch, und vielleicht vor allem, die Lebenswelt vergangener Tage zu dokumentieren. Hierzu gehört das „Leben am Fluß“ ebenso, wie „Handel und Gewerbe“ und nicht zu vergessen auch „Vereine, Feste und Geselligkeit“, die das Leben der Höchster auf ihre Weise bereicherten. Erinnert werden soll aber auch daran, daß die früheren Zeiten nicht immer nur gute Zeiten waren, wie es so manche der beschaulichen Szenen glauben machen. Wie überall wechselten auch hier lustige und traurige Ereignisse einander ab, wie die „Bilder aus der Höchster Geschichte“ am Ende dieses Buches zu zeigen versuchen.

Ungeachtet der Tatsache, daß die Auswahl und Plazierung der Bilder selbst schon eine Interpretation beinhalten, verzichtet dieses Buch darüber hinaus doch grundsätzlich auf eine Auslegung und Bewertung der Bildinhalte. Aus diesem Grund beschränken sich die Unterschriften zumeist auf die notwendigen Angaben zur Örtlichkeit, zu abgebildeten Häusern, Personen und Institutionen, oder zur Datierung der Aufnahme. Nur dort, wo der Bildinhalt ohne Erläuterungen falsch verstanden werden könnte, erfolgen weitergehende Hinweise. Davon abgesehen, bleibt es dem Betrachter selbst überlassen, seine eigenen Schlüsse zu ziehen. Bedenken sollte man dabei jedoch immer, daß auch eine Fotografie die Wirklichkeit keineswegs immer nur neutral und objektiv wiedergibt. Auch kann sich ihre Aussage im Laufe der Zeit gewandelt haben, und das ein oder andere Bild weckt aus heutiger Sicht gewiß andere Empfindungen als zum Zeitpunkt seiner Entstehung. Allein aufgrund seiner Fülle vermittelt das Material jedoch sicher kein verfälschendes Bild, und so kann man dieses Buch getrost auch ohne Hintergrundwissen zur Hand nehmen und auf sich wirken lassen.

Die Drucklegung erfolgt zu einem Zeitpunkt, an dem Frankfurts Stadtteil Höchst und seine Bewohner wieder einmal und vielleicht mehr denn je in eine ungewisse Zukunft zu schauen glauben. In einer solchen Situation der Neuorientierung hat der Blick zurück bislang noch nie geschadet und so sei dieses Buch allen empfohlen, denen Höchst am Herzen liegt – gleich, ob und wieviel sie von seiner hier illustrierten Geschichte selbst miterlebt oder mitgestaltet haben.

Markus Grossbach

Bürgermeister der Stadt Höchst a. Main
von 1860-1928

1 Adelon	1860— 69	5 Dr. Gebeschuß	1888-1893
2 Lina	69— 73	6 Palleske	99-1911
3 Glatt	74— 82	7 Dr. Janke	1911— 23
4 Bied	82— 87	8 Asch	23— 25

Dr. Müller 1926-28

Die Bürgermeister der Stadt Höchst in der Zeit ihrer kommunalen Selbständigkeit von 1860 bis 1928.

1

Bilder aus dem alten Höchst

Bis heute ein verträumter und romantischer Ort: Der Zollgarten kurz nach seiner Neuanlage durch den Verein für Geschichte und Altertumskunde im Jahr 1910. Die Skulpturen stammen aus dem Bolongarogarten, wo sie im Zusammenhang mit dem Ausbau des Palastes zum Rathaus 1909 durch Kopien ersetzt wurden.

Die Familie Andreae-Winkler im Garten des „Neuen Schlosses", in dem die Familie bis 1863 eine Weinhandlung unterhielt. Aufnahme von Karl-Friedrich Mylius, um 1860.

Blick von der Bolongarostraße auf die Einfahrt des Schlosses im Burggraben. Auch diese Aufnahme gehört zu einer Fotoserie, die der Frankfurter Fotograf Karl-Friedrich Mylius im Auftrag des damaligen Eigentümers des „Neuen Schlosses" um 1860 anfertigte.

13

Der Heilige Nepomuk am Schloßplatz, um 1900. Die zuvor im Hof des „Neuen Schlosses" aufgestellte Skulptur stand später auf der Schloßbrücke, wo sich heute wieder eine Kopie befindet.

Blick vom „Alten Schloss" aus auf den Schloßplatz. Auf dieser Aufnahme, die um das Jahr 1900 entstand, ist die heute den Platz beherrschende Eiche noch ein kleiner Baum. Sie wurde im Jahr 1872 von den Höchster Schützen zum Andenken an den siegreichen Frankreichfeldzug gepflanzt.

Blick vom „Neuen" zum „Alten Schloß", um 1860. Auch diese Aufnahme stammt aus der von Karl- Friedrich Mylius für den Weinhändler Winkler erstellten Bilderserie.

Bis über die Zeit des Ersten Weltkriegs hinaus befand sich der Wochenmarkt im verbreiterten Abschnitt der Hauptstraße (heute Bolongarostraße) vor dem Antoniterkloster. Die Aufnahme zeigt das Markttreiben zu Beginn des 20. Jahrhunderts.

Höchster Hausfrauen nach erfolgreichem Marktgang in der Hauptstraße. Die Aufnahme entstand um 1890 und zeigt im Hintergrund die Einmündung der Storchgasse mit einem damals noch erhaltenen Rest der östlichen Stadtmauer.

Eine der ältesten Aufnahmen einer Höchster Familie zeigt Heinrich Kramer und seine Frau mit ihren Enkelkindern. Die Aufnahme entstand 1870 vor einem Leinwandhintergrund im Freien, wobei Teppich und Nähtisch eine häusliche Umgebung vortäuschen.

Ansicht der Häuser Im Brand 5 und 7, um das Jahr 1920.

Blick über den letzten Höchster Weinberg hinweg auf die westliche Stadtmauer mit dem Ochsenturm, um 1895. Das letzte Zeugnis einer alten Weinbautradition am Ort wurde wenige Jahre später beim Bau der Main-Kraft-Werke beseitigt.

Blick vom Schloßplatz auf den als Schulhaus genutzten Zollturm, um 1885. Am linken Bildrand das historische Gasthaus „Zum Karpfen", das 1972 abgerissen wurde.

Aus zwei Einzelaufnahmen bestehende Gesamtansicht der Stadt vom jenseitigen Mainufer aus, um 1870. Die Aufnahme zeigt die noch unveränderte Uferzone mit dem Hochkai des 15. Jahrhunderts in der Verlängerung des Zolltores. Zwischen Justinuskirche und Zollturm standen damals noch die Scheunen des Klosterhofes und auf der Schloßterrasse die 1808 errichtete

Zehntscheune. Hinter dem Fähranleger am rechten Bildrand stehen noch die Wirtschaftsgebäude der Mainmühle anstelle des heutigen Kinderspielplatzes. Zum Bild des Höchster Mainufers gehörten bis in das frühe 20. Jahrhundert hinein die an der Stadtmauer zum Trocknen
und Flicken aufgehängten Netze der Höchster Fischer.

Peter Anton Bied war zunächst Gemeinde-
rat und von 1880 bis zu seinem Tod im Jahr
1889 Bürgermeister der Stadt Höchst.

Der ehemalige Hof der Herren von Kronberg in der Bolongarostraße diente bis zum Umbau des
Bolongaropalastes im Jahr 1909 als Rathaus. Auf der um 1870 entstandenen Aufnahme sind
am linken Bildrand einige Marktweiber mit ihren Körben zu erkennen.

Die platzartige Erweiterung der Hauptstraße war bis zur Verlegung des Marktes an seine heutige Stelle der Mittelpunkt des Ortes. Die um 1890 entstandene Aufnahme zeigt am linken Bildrand die noch vollständige Baugruppe des Antoniterklosters mit dem Konventbau und dem daran anschließenden Spitalbau von 1518.

Blick von der Neugasse (heutige Hilligengasse) in die Storchgasse, um 1900. Die Holzstangen im Hintergrund sind Gerüstmaterial der Malerfirma August Gottschalk. Wenige Jahre nach dieser Aufnahme wurde der eingezäunte Garten im Vordergrund durch ein Mietshaus überbaut.

23

Katinka Reuting und Lisa Wagner im Jahr 1889. Frau Reuting war die Mutter der Höchster Mundartdichterin und Verfasserin der „Höchster Scherwe", Frieda Düsterbehn-Reuting. Auf dem Tisch steht ein Laubfroschhaus

Ein Kindermädchen mit seinen Zöglingen beim Spaziergang am Mainufer, um 1910. Im Hintergrund der Ochsenturm und der Schloßturm, seit dem Mittelalter Wahrzeichen der Stadt.

Blick vom heutigen Marktplatz aus in die „Rosengasse". Die vor dem Ersten Weltkrieg entstandene Aufnahme zeigt den noch heute erhaltenen Rest der mittelalterlichen Stadtmauer sowie den Giebel der bis 1935 abgebrochenen Gelatinefabrik am rechten Bildrand.

25

Der Milchhändler Christian Lümpert auf Aus-
lieferungsfahrt im Jahr 1925 vor dem Gasthaus
„Zum Bären" am Schloßplatz.

Blick vom Justinusplatz auf das älteste Rathaus der Stadt Höchst aus dem späten 16. Jahrhundert. Zum Zeitpunkt der Aufnahme um das Jahr 1900 wurde das ehemalige Rathaus als Gasthaus genutzt.

„Früh übt sich..." Ein Höchster Violinlehrer mit seinen Schülern zu Beginn des 20. Jahrhunderts.

Ein Gruppenbild aus dem evangelischen Kindergarten, um 1900.

Brücke und Torbau des „Alten Schlosses",
um 1900. Der junge Mann im Livree ist
wohl einer der Angestellten der Familie von Brüning, in deren Besitz sich das
Schloß seinerzeit befand.

Das „Neue Schloß" mit dem Brüningpark im Bereich des ehemaligen Stadtgrabens.

Mitglieder der Familie Pantle vor ihrem Haus Storchgasse 9, um das Jahr 1900.

Das Hinterhaus in der Wed 11, um 1920. Das heute nicht mehr bestehende Haus stand an der Südseite des „Porzellanhofs", dessen 1927 abgebrochenes Hauptgebäude rechts im Hintergrund erkennbar ist.

Das „Greifenclausche Haus" in der Wed 13. Die Ummauerung des alten Adelshofes mit dem Spitzbogenportal wurde wenige Jahre nach dieser um 1900 entstandenen Aufnahme zugunsten einer Platzerweiterung abgebrochen. Hier verbrachte Gustav Weißkopf mehrere Jahre seiner Kindheit. Als Gustav Whitehead gelang ihm in den USA im Jahr 1901 noch vor den Brüdern Wright der erste Motorflug in der Geschichte der Luftfahrt.

Wie die Väter, so die Söhne. Straßenszene in der Wed um das Jahr 1920.

Der Abbruch des „Porzellanhofs" zwischen Wed und Rosengasse im Jahr 1927 gehörte zu den wenigen, aber schmerzhaften Verlusten von historisch wertvollen Gebäuden im Bereich der Altstadt. Daß man dies damals durchaus anders sah, zeigen Aufnahmen wie diese.

Bereits im Jahr 1893 wurde der ebenfalls im 18. Jahrhundert von der Porzellanmanufaktur genutzte Zehnthof an der Südseite des heutigen Marktplatzes abgerissen. Hier wird gerade der mächtige Dachstuhl des spätmittelalterlichen Steinbaus abgenommen.

Schon früh hatte man aber auch den Wert einzelner Gebäude erkannt und sich um ihre Erhaltung bemüht. Das aus der ehemaligen Zollburg hervorgegangene Renaissanceschloß der Mainzer Erzbischöfe ist bis heute das Wahrzeichen der Stadt.

Für die kleinen Höchster waren die Straßen der Altstadt auch Spielplatz. Hier die „Rosengassenkinder" im Jahr 1936.

Für die Altstadtkinder um 1930 noch eine Attraktion: der Leierkastenmann mit seinem Äffchen im Allmeygang.

Noch einmal die Rosengasse, wie der im Altstadtbereich liegende Abschnitt der Antoniterstraße bis heute genannt wird, um das Jahr 1900.

Eine Gruppe von BDM-Mädchen und andere Kinder vor dem „Herbert-Norkus-Heim" der Hitlerjugend im ehemaligen Rathaus im Allmeygang.

Die Kronengasse mit der Einmündung der Straße Im Brand. Diese malerische Aufnahme entstand im Rahmen eines der zahlreichen Wettbewerbe, welche die 1928 gegründete „Liebhaber-Lichtbilder-Gilde" veranstaltete.

2

Leben am Fluß

Blick vom südlichen Mainufer aus auf die zentrale Partie der Altstadt mit Justinuskirche und neuer Hafenanlage, um 1935.

Das Mainufer östlich des Fähranlegers im Jahr 1932. Noch immer befahren Fischer auf ihren „Schelch" genannten Booten den Main.

Höchst am Main   Mainufer

Ansicht der mainseitigen Stadtmauer und der Hafenanlage von Westen auf einer Postkarte aus dem Jahr 1907.

Der neue Hochkai und die Hafenanlage mit Kränen, um 1930. Verladen wurden hier hauptsächlich Baustoffe sowie Rohstoffe für die ortsansässige Möbel- und Metallindustrie.

Blick vom Schloßturm nach Osten über den Mainbogen, um 1925. Im Hintergrund die bis 1930 bestehende Schleuse. Die meisten Lastkähne verfügten damals noch nicht über einen eigenen Antrieb und wurden von Schleppern gezogen.

Ein leichtes Hochwasser, wie das im Februar 1906, konnte die Höchster nicht von ihrem gewohnten Spaziergang am Mainufer abhalten. Das von der Schloßterrasse aus aufgenommene Foto zeigt im Hintergrund die noch intakten Wirtschaftsbauten der Mainmühle. Sie mußten erst der Neuanlage des Ufers im Jahr 1927 weichen.

Auch nach der Mainregulierung von 1883 gehörte Eisgang weiter zum gewohnten Bild des Flusses. Daß man den Fluß zu Fuß überqueren konnte, gehörte jedoch zu den eher seltenen Ereignissen, die, wie hier im Jahr 1914, natürlich dokumentiert wurden.

Ein Gehilfe des Müllers vor dem Portal der Mainmühle, um 1900.

Ein Bauer mit seinem Fuhrwerk auf der Höchster Fähre auf der Fahrt nach „dribbe", um das Jahr 1925. Die 1911 in Erlenbach a.M. gebaute Fähre wurde lange als Gierseilfähre betrieben, d.h. sie überquerte den Fluß alleine durch die auf das Kielschwert drückende Kraft der Strömung. Später erhielt sie einen zusätzlichen Motorantrieb und war so noch bis 1990 in Betrieb.

Der Dampfschlepper „Moenus" auf Bergfahrt bei der Ausfahrt aus der Höchster Schleuse, um 1890.

Um 1900 entstand diese Aufnahme eines alten Höchster Fischers in seiner typischen Kluft und mit seinen Arbeitsgerätschaften vor der Stadtmauer.

Die Mitglieder der aus der Höchster Fischerzunft hervorgegangenen Fischereigenossenschaft anläßlich ihres 50jährigen Bestehens im Jahr 1924 vor der Mainmühle.

Franz Schindling mit Kindern bei einem Ausflug mit seinem Fischernachen vor dem Bolongaropalast im Jahr 1911.

Fischerboote in der Niddamündung, um 1910.

Die Höchster Fischer Heinrich und Karl Weingärtner beim Ausbringen ihrer Netze in der Niddamündung, um das Jahr 1910.

Festwagen der Höchster Fischerzunft aus Anlaß des Feuerwehrfestes im Jahr 1912.

Neben den Berufsfischern gab es in Höchst schon immer auch begeisterte Hobbyangler. Ein beliebter „Fanggrund" war die Mole am Nadelwehr der Schleuse an der Wörthspitze, hier in einer Aufnahme um 1890.

Der Besuch bei einem Mainschiffer am Höchster Hafen, um das Jahr 1930.

Tauchereinsatz vom Arbeitsschiff „Worms II" aus, im Zusammenhang mit dem Ausbau der Hafenanlagen, um 1930.

Ein „Vierer mit Steuermann" des Höchster Ruderclubs Nassovia beim Training, um 1890. Im Hintergrund das Magazingebäude der Bolongaroschen Tabakhandlung. Am linken Bildrand die Gaststätte „Zur Schönen Aussicht" am Mainberg.

Der Fluß war auch Schauplatz sportlicher Ereignisse. Wohl kurz vor dem Ersten Weltkrieg entstand diese Aufnahme eines, aus Anlaß einer Ruderregatta, zahlreich versammelten Publikums an der Wörthspitze. Im Hintergrund der Turm der Markuskirche in Nied.

Noch bis in die Zeit vor dem Zweiten Weltkrieg hinein nahmen die Höchster gerne ein Bad im Fluß. Die Aufnahme von 1927 zeigt die 1894 errichtete Badeanstalt Münch am jenseitigen Mainufer.

Das Mainufer war auch für die Kinder, wie hier um 1935 am Fähranleger, ein beliebter Spielplatz.

Abendstimmung am Fluß. Blick vom Mainberg über Niddamündung und Wörthspitze hinweg auf die 1885 fertiggestellte Schleuse, um 1890.

3

Das neue Höchst

Bürgermeister Viktor Palleske und die Mitglieder des Höchster Stadtrats präsentieren stolz das Modell des Brüningbrunnens. Die Aufnahme entstand im Jahr 1904 im Garten des Hotels Casino.

Blick vom jenseitigen Mainufer auf den „Ochsenturm", die Südwestecke der mittelalterlichen
Stadtbefestigung. Die um 1870 entstandene Aufnahme zeigt links davon die ältesten Gebäude
der 1863 gegründeten Chemischen Fabrik. Im Hintergrund sieht man bereits die im Bau befind-
liche neue Fabrik, der die Stadt bis heute weltweite Bekanntheit verdankt.

Die Hauptstraße mit Blick auf den Bolongaropalast in einer frühen Aufnahme um
das Jahr 1870.

Blick auf die Kreuzung Melchiorstraße/Justinuskirchstraße, um 1890. Im Vordergrund sieht man die Anpflanzung des Stadtgartens, an dessen Stelle sich der heutige Marktplatz befindet. Am rechten Bildrand ein Teil der Gregorischen Mühle.

Höchst ist eine moderne Stadt geworden. Das um 1910 vom Schloßturm aus aufgenommene Foto zeigt das nordwestlich an die Altstadt angrenzende Stadtgebiet mit der 1883 fertiggestellten evangelischen Stadtkirche. Links davon das 1890 erbaute Gymnasium, die heutige Robert-Koch-Schule. Im Vordergrund der rauchende Schlot und die Werkhallen der Gelatinefabrik an der Stelle des heutigen Hallenbades.

Im Umfeld der Altstadt entstanden auch sehr einfache Neubauten, wie hier das Gasthaus „Würzburger Hof" in der Schleifergasse, in einer Aufnahme von 1910.

Abbruch der Wirtschaftsgebäude und der Umfassungsmauern der Mainmühle im Zusammenhang mit der Neugestaltung des Mainufers im Jahr 1927.

Mit der Industrialisierung entwickelte sich bald auch in Höchst eine kleine aber wohlhabende Schicht von Fabrikbesitzern, die außerhalb der Altstadt ihre villenartigen Anwesen errichtete. Hier das Haus der Familie Schmitz am Mainberg, kurz nach der Fertigstellung im Jahr 1906.

Die Gaststätte „Zum Mammut" am Mainberg, um 1930. Ursprünglich und aufgrund der Dachterrasse sicher nicht zu Unrecht, führte es den Namen „Zur schönen Aussicht". Der mehrgeschossige Eckbau ist heute Teil des Hotelkomplexes „Avalon-Höchster Hof".

Noch um die Jahrhundertwende waren große Flächen des heutigen Stadtzentrums unbebaut und wurden als Gartenland genutzt. Hier der Blick von Süden auf die Kreuzung Justinuskirchstraße/Hostatostraße, im Jahr 1902. Auf dem Brachgrundstück im Vordergrund entstand kurz darauf der Neubau des Postamtes.

„Einst mitten in der Stadt" ist dieses Foto bezeichnet. Es entstand im Jahr 1935 im Rahmen eines Fotowettbewerbs und zeigt Bauern bei der Getreideernte im Oberfeld. Im Hintergrund das Amtsgericht und links davon der in den zwanziger Jahrn nach Plänen des Stadtbaurates Paul Wempe errichtete Wohnblock an der Gerlachstraße.

Das südliche Ende der Königsteiner Straße von der Hauptstraße aus gesehen. Die um 1870 entstandene Aufnahme zeigt die „Rutsch", wie die Straße im Volksmund hieß, noch im Frühstadium ihres Ausbaus.

Die untere Königsteiner Straße von der Kreuzung Bolongarostraße aus, um 1900. Im Bild links das wenige Jahr später durch einen Neubau ersetzte Eckhaus mit der „Colonialwaren-Handlung" von Adam Gotta. Sie gehörte ursprünglich Louis Döft und das Haus wurde noch lange Zeit das „Döfte-Eck" genannt.

Das wohl berühmteste Gebäude im erweiterten Stadtgebiet war das „Zuckerbrickelche" in der unteren Königsteiner Straße. Seinen Namen verdankte das Haus der hier ansässigen Bäckerei Gärtner, die wegen des noch offen verlaufenden Mühlgrabens nur über eine Brücke zu erreichen war.

Ansicht der Königsteiner Straße mit Blick über die Kreuzung Emmerich-Josef-Straße hinweg nach Norden, um 1900.

Das Gasthaus „Zur Eisenbahn" an der Ecke Königsteiner Straße/Emmerich-Josef-Straße. Die Aufnahme entstand um 1900. Wie immer drängen sich zahlreiche Personen ins Bild, darunter auch uniformierte Eisenbahner auf dem Dach des Hauses, das offensichtlich ihr Stammlokal war. Das Haus wurde bereits wenige Jahr später durch einen Neubau ersetzt. Das Lokal wurde im Volksmund auch „Bambelschnut" genannt.

Abbruch des Gasthauses „Stadt Frankfurt" in der Königsteiner Straße. Das Haus stand unmittelbar südlich der Einmündung der Kasinostraße und gehörte wie seine ebenfalls zweigeschossigen Nachbarhäuser der ersten Ausbauphase der Straße in den Jahren ab 1860/70 an. Diese Häuser wurden bereits um die Wende zum 20. Jahrhundert fast alle durch größere Neubauten ersetzt.

Blick vom Dalbergplatz in die untere Königsteiner Straße um 1910. Wie so oft in dieser Zeit, drängen sich zahlreiche Erwachsene und Kinder ins Blickfeld der Kamera.

Der Bahnübergang Königsteiner Straße vor dem Bau der heutigen Unterführung.

Das Nebenzimmer des Gasthauses „Zum Taunus" in der Emmerich-Josef-Straße war Sitz des Geselligkeitsvereins „Stübchengesellschaft". Auch dieses Haus wurde, obwohl erst wenige Jahrzehnte zuvor errichtet, durch einen Neubau der Gründerzeit ersetzt. Die Aufnahme entstand kurz vor dem Abbruch im Jahr 1889.

Blick vom Dalbergplatz nach Westen in die Hostatostraße, die vor dem Ersten Weltkrieg noch Kaiserstraße hieß. Im Hintergrund erkennt man den Turm der 1909 errichteten katholischen Pfarrkirche St. Josef. Im Kopfbau zwischen Hostato- und Dalbergstraße befand sich die Mitteldeutsche Kreditbank, Vorläuferin der heutigen Commerzbank.

Auch Höchst hatte einen „Eisernen Steg". Er überspannte die Bahntrasse und verband die ab 1892 errichtete Heimchen-Siedlung in Höhe des Gaskessels mit den Farbwerken und dem Stadtgebiet.

Der zweite, 1880 fertiggestellte Bahnhof befand sich etwas weiter östlich vom heutigen Standort. Sein neoklassizistisches Empfangsgebäude lag zwischen den Gleisanlagen der Taunusbahn und denen der Hessischen-Ludwig-Bahn.

Das heutige Empfangsgebäude des Höchster Bahnhofs kurz nach seiner Fertigstellung im Jahr 1914. Es war der letzte öffentliche Großbau, der vor dem Ausbruch des Ersten Weltkrieges verwirklicht wurde.

Luftaufnahme von 1928 aus nordwestlicher Position. Im Vordergrund die neuen Baublöcke entlang der Liederbacher Straße sowie die ersten Einfamilienhäuser in der Peter-Bied-Straße.

Bereits in den dreißiger Jahren prägte das Automobil zunehmend das Stadtbild, wie hier in der unteren Königsteiner Straße, dem Geschäftszentrum von Höchst.

Ein Schupo regelt den Verkehr an der Ecke Königsteiner Straße/Bolongarostraße, um 1930.

Einer der städtischen Omnibusse, deren Liniennetz Höchst mit den Umlandgemeinden verband, um die Mitte der zwanziger Jahre des 20. Jahrhunderts.

Zu ihrer Zeit eine der modernsten Großtankstellen im Lande. „Auto-Engel" im Kreisel Königsteiner Straße/Schnellstraße Frankfurt-Wiesbaden (heutige A 66), um 1930.

Im Jahr 1898 wurde am „Gleisdreieck" der neue städtische Schlachthof errichtet. Er war einer der zahlreichen öffentlichen Bauten, die im Zuge der Stadterweiterung bis zum Ersten Weltkrieg entstanden.

Ab 1875 erfolgte der Bau eines ersten städtischen Krankenhauses, der Keimzelle des heutigen Klinikums, im damals noch weitestgehend unbesiedelten „Oberfeld". Das Bild zeigt den heute nicht mehr bestehenden Erweiterungsbau aus dem Jahr 1899. In seinem halbrunden Vorbau befand sich der Operationssaal, in dem Dr. Paul Schwerin 1902 die erste Operation am rechten Vorhof des Herzens in der Geschichte der Medizin durchführte.

Einhergehend mit der raschen Vergrößerung der Stadt und der ständig steigenden Einwohner-
zahlen mußte auch das Schulangebot erweitert werden. Hier das 1890 errichtete Gymnasium,
die heutige Robert-Koch-Schule.

Dieses Gruppenbild mit Höchster Abiturienten entstand wohl in den letzten Jahren des
19. Jahrhunderts.

Noch war die Post „kaiserlich". Hier einige der Bediensteten mit zwei Paketpostwagen im Hof des 1908 errichteten Postamtes kurz vor dem Ersten Weltkrieg.

Seit 1886 war Höchst auch Verwaltungssitz des gleichnamigen Kreises. Der Neubau des Kreishauses wurde im Jahr 1911 fertiggestellt.

4

Feste, Freizeit und Geselligkeit

Die Damengruppe des „Gerecht'schen Privat-Tanz-Cursus" bei einem „Schleiertanz" im Jahr 1913.

Die Gesellschaft „Bürger Casino" wurde bereits 1849 gegründet und gehörte zu den sogenannten Geselligkeitsvereinen. Dem Vorstand gehörte auch der in dieser Aufnahme von 1865 ganz links sitzende Bürgermeister Andreas Adelon an.

Es ging auch ohne Alkohol, wie etwa im Kreis der „Kaffee- und Spielgesellschaft", die sich regelmäßig im Gasthaus „Frankfurter Hof" in der Königsteiner Straße traf. Auf der um 1880 entstandenen Aufnahme sind bekannte Persönlichkeiten ihrer Zeit, wie etwa der Holzhändler Anton Schweitzer (Mitte sitzend) oder der Champagnerfabrikant Robin (zweiter von rechts, sitzend) versammelt.

Einer der bekanntesten Geselligkeitsvereine war die „Stübchengesellschaft". Die Aufnahme entstand im Jahr 1931 im Nebenzimmer des Bahnhofsrestaurants. In der hinteren Reihe als Vierter von rechts, der langjähriger Vorsteher der jüdischen Kultusgemeinde und Stadtverordnete Max Ettinghausen, der 1933 starb.

Die Herren der Kegelabteilung der Turn- und Sportgemeinde, um 1930.

Die Mitglieder des Höchster Radfahrervereins im Festschmuck. Der 1893 gegründete Verein wurde bereits um 1910 wieder aufgelöst, so daß diese Aufnahme wohl um die Jahrhundertwende entstanden sein dürfte.

Bei festlichen Anlässen, wie dem Umzug zum Feuerwehrjubiläum des Jahres 1912, benutzte auch der Vorstand des Radfahrervereins gerne das Automobil.

Neben offiziellen Feierlichkeiten und kirchlichen Feiertagen bereicherten zahlreiche weitere Feste das Leben der Höchster. Lange Zeit war es üblich, daß sich die Stadt bei solchen Gelegenheiten festlich schmückte, wie hier das Haus Schloßplatz 9 anläßlich eines Schützenfestes, um das Jahr 1930.

Die „Finanz-Commission" des Schützenfestes im Jahr 1889.

Dieser pompöse Festwagen der Höchster Bäcker wurde zum Feuerwehrfest des Jahres 1912 gestaltet.

Abschlußfoto des Jahrgangs 1904-1907 des katholischen Lehrlingsvereins.

Katholisches Gesellenhaus, Höchst a. M.

Das Haus des katholischen Gesellenvereins, der spätere „Antoniterhof", an der Ecke Emmerich-Josef-Straße/Antoniterstraße, um 1910.

Der Schreinermeister Georg Schäfer, hier in der Mitte sitzend, war Mitglied der Feuerwehr und Mitbegründer des Vereins für Geschichte und Altertumskunde. Er und seine drei Brüder gelobten vor ihrer Teilnahme am Frankreichfeldzug 1870/71, bei glücklicher Rückkehr alljährlich zu Weihnachten vom Schloßturm Lieder erklingen zu lassen. Auf dieses Gelöbnis geht die bis heute gepflegte Tradition des Turmblasens an Heilig Abend zurück.

Es gab viele Anlässe zum feiern und alle machten mit. Hier der Umzug beim Feuerwehrfest im Jahr 1912 auf der Königsteiner Straße.

Die Werkskapelle der Farbwerke.

Frühes Beispiel einer typischen Fotomontage vor gemaltem Hintergrund. Der Gesangsverein „Harmonia", um 1870.

Die Herrenmannschaft des Höchster Hockeyclubs bei einem Turnier, im Jahr 1928.

Die Wasserballmannschaft des Höchster Schwimmvereins in den 1920er Jahren.

Die Fußballmannschaft des Polizeisportvereins Höchst, um 1935.

Zahlreiche Zuwanderer prägten schon früh das Bild der Industriestadt Höchst. Sie organisierten sich entsprechend ihrer Abstammung und Herkunft in zahlreichen Vereinen, wie hier die Gesellschaft der Tschechen, in einer Aufnahme von 1910.

Werbung der Höchster Schwimmer für einen Faschingsball in den 1930er Jahren.

Ein Motivwagen mit Kindern beim Faschingsumzug. Im Hintergrund das Gasthaus „Zur deutschen Eiche" am Mainberg. An seiner Stelle steht heute das Hotel „Avalon-Höchster Hof".

Für musikalische Unterhaltung verschiedenster Art war auch in Höchst gesorgt. Hier ein Salonorchester an unbekanntem Ort, um 1930. Der Cellist ist Fritz Rellé, der zu den Mitbegründern des Höchster Konzertorchesters nach dem Zweiten Weltkrieg gehörte.

Diese Aufnahme einer Gruppe unbekannter Nachwuchsmusiker entstand gleichfalls um 1930.

Der Bootsverleih am Stadtparkweiher existiert heute nicht mehr. Dennoch ist der vor dem Ersten Weltkrieg im Stil eines Landschaftsgartens angelegte Stadtpark noch immer ein beliebtes Ausflugsziel.

„Kastanien und Erdnüsse stets frisch geröstet". Der Stadtparkweiher war auch im Winter eine Attraktion für jung und alt.

Auch in früheren Zeiten war das Mainufer ein beliebter Spazierweg. Die Bank an der Seiler-
bahn unterhalb des Bolongaropalastes war ein gemütliches Plätzchen und beliebter Treffpunkt.
Im Hintergrund der um 1935 entstandenen Aufnahme sieht man die frisch gepflanzte Pappel-
allee auf der Wörthspitze und die ehemaligen Schleusenhäuser am jenseitigen Mainufer.

Ein Familienausflug mit der Kutsche ins Schwanheimer Unterfeld, im Jahr 1932.

5

Handel und Gewerbe

Der Wochenmarkt, hier in einer Aufnahme von 1936, ist auch heute noch ein Anziehungspunkt. Kurz nach dem Ersten Weltkrieg wurde er von seinem angestammten Platz in der Bolongarostraße zu seinem jetzigen Standort verlegt.

Der Hof der Cognac-Handlung Bergmann & Söhne in der Bolongarostraße zu Beginn des 20. Jahrhunderts. Im Hintergrund die 1883 errichtete Kasinoschule.

Der Hof der Großmannschen Gipsmühle in einer Aufnahme vom Anfang des 20. Jahrhunderts. Das 1852 gegründete Unternehmen befand sich auf dem Gelände der alten Steinmühle, ehemals Bassenheimsche Mühle, an der heutigen Gabelung von Bolongarostraße und Ludwig-Scriba-Straße.

Die Metzgerei Kramer in der Bolongarostraße, im Jahr 1908. Das kleine Laden-
lokal befand sich zwischen dem Restaurant
„Sancta Lucia" und dem Korbwarengeschäft
Löllmann.

Die Kreuzung Bolongarostraße/Königsteiner Straße, um das Jahr 1900. Das große Eckhaus mit
dem offenen Türmchen wurde nach dem dortigen Bekleidungsgeschäft der Familie Würzburger
auch „Würzburger Eck" genannt.

Das Kaufhaus der Farbwerke gehörte zu den zahlreichen Einrichtungen, die das Werk im Zusammenhang mit seinem Siedlungsbau für seine Arbeiter und Angestellten errichtete.

Die Filiale des Lebensmittelgeschäftes Schade & Füllgrabe in der Bolongarostraße mit „angetretener" Belegschaft, um 1900. Wie bei vielen anderen Geschäften erfolgte auch hier die Beleuchtung der Auslage von außen durch Gaslaternen über den Schaufenstern.

Uhrmachermeister Josef Bauer in der Tür seines Ladengeschäfts im Haus des Malers Gottschalk in der Albanusstraße. Die Aufnahme entstand um 1930.

Die Inhaber der Korbwarenhandlung Löllmann vor ihrem Laden in der Bolongarostraße, im Jahr 1930.

Auch in der Altstadt gab es ein reges Geschäftsleben. Hier das Textilhaus Müller & Mies in der Bolongarostraße.

Die bekannte Café-Conditorei Kowald auf der Königsteiner Straße auf einer Werbepostkarte aus den dreißiger Jahren.

Ein Eisverkauf im Haus Höchster Marktplatz 4, um das Jahr 1930.

Der östliche Teil des Bolongaropalastes mit dem gleichnamigen Café, um 1930.

Das Café Gärtner in der Bolongarostraße wurde aufgrund seiner niedrigen Eingangstür „Kaffee bück dich!" genannt. Es feierte 1930 sein 250jähriges Bestehen.

Das Hotel „Zur Post" an der Ecke Albanusstraße/Hostatostraße, um 1935. An seiner Stelle befindet sich heute der Neubau der Volksbank.

Innenansicht des Café-Restaurant „Casino", im Jahr 1938.

Das Kaufhaus Schiff in der Königsteiner Straße, hier in einer Aufnahme um 1910, entwickelte sich in den zwanziger Jahren zu einem stattlichen Warenhaus. Die jüdische Familie Schiff emigrierte 1938 in die USA. Aus ihrem Geschäft wurde im Zuge der „Arisierung" das Kaufhaus Conradi, das später von Hertie übernommen wurde.

Schaufensterauslage des Kaufhauses Conradi (vormals Schiff), um 1940.

Die Eisenwarenhandlung von Hartmann & Sohn und die benachbarte Feinkosthandlung Meister in der Königsteiner Straße, um 1910.

Die Haushalts- und Eisenwarenhandlung Biringer in der unteren Königsteiner Straße, hier um das Jahr 1930. Zwei Häuser weiter befand sich das Textilgeschäft der Gebrüder Cohen. Die Cohens waren Juden und suchten nach 1938 zunächst in den Niederlanden Schutz. Von dort aus wurden wenigstens acht Mitglieder der Familie 1942 nach Auschwitz deportiert und ermordet.

Auch das Textilhaus Adler an der Süd-Ost-Ecke Emmerich-Josef-Straße/Königsteiner Straße, hier in einer Aufnahme um 1930, war ein jüdisches Geschäft.

Die Musikalienhandlung von Hugo Harz in der Königsteiner Straße, um 1910.

Das Hutgeschäft von Adolf Studer in der Königsteiner Straße, um 1910.

Viele der alteingesessenen Geschäfte bestanden bis in die Gegenwart, wobei sich ihr äußeres Erscheinungsbild jedoch dem Stil der Zeit anzupassen hatte. Hier wiederum das Hutgeschäft Studer und der benachbarte Tabakladen Brust, um 1960.

Klappern gehörte auch schon in früheren Zeiten zum Handwerk. Die Aufmerksamkeit der Kundschaft versuchte man nicht nur über Anzeigen sondern auch mit Kinowerbung zu erreichen.

Die auf der vorhergehenden und auf dieser Seite gezeigten Beispiele stammen von dem Höchster Fotografen und Grafiker Wilhelm Frischkorn und wurden in den dreißiger Jahren in den Casino-Lichtspielen gezeigt.

Geschäftshäuser in der Dalbergstraße, um 1935.

Das 1925 errichtete Eckhaus Dalbergstraße/Antoniterstraße gehörte zu den wenigen Beispielen des expressionistischen Architekturstils in Höchst. Die Kaufhalle im Erdgeschoß kannte man damals besser unter der Bezeichnung „Ehape" (EHP = Einheitspreis). Das Haus wurde bei einem Luftangriff schwer beschädigt und später in vereinfachter Form wieder aufgebaut.

Radios gehörten nicht nur in Gestalt des „Volksempfängers" seit den dreißiger Jahren zur Ausstattung vieler Höchster Haushalte. Hier das Radiogeschäft Blanck in der Königsteiner Straße, um 1930.

Die Bäckerei Vormwald und das Lebensmittelgeschäft Schweitzer in der Brüningstraße, um 1938.

Auch außerhalb des Stadtzentrums gab es zahlreiche Geschäfte und Handwerksbetriebe. Direkt an der Grenze zu Nied befand sich die Schuhmacherei von Linus Sahlender in der Bolongarostraße, um 1930.

Das Colonialwarengeschäft von Wally Arnold befand sich im Eckhaus Kurmainzer Straße/ Palleskestraße. Bereits um 1930 konnte man hier beim Tanken auch gleich die täglichen Einkäufe erledigen – oder war es damals noch umgekehrt?

„Ein Freund, ein guter Freund...". Das waren noch Zeiten, als man sich beim Tankwart mit Blumen für den Service bedankte. Ob es bei „Auto-Engel" immer so freundlich zuging, wie auf dieser Aufnahme von ca. 1930?

Der Kiosk von Irmgard Müller in der Bahnhofshalle, um 1940. Wer sein Gepäck nicht tragen wollte, dem half Dienstmann Strobel.

6

Bilder aus der
Höchster Geschichte

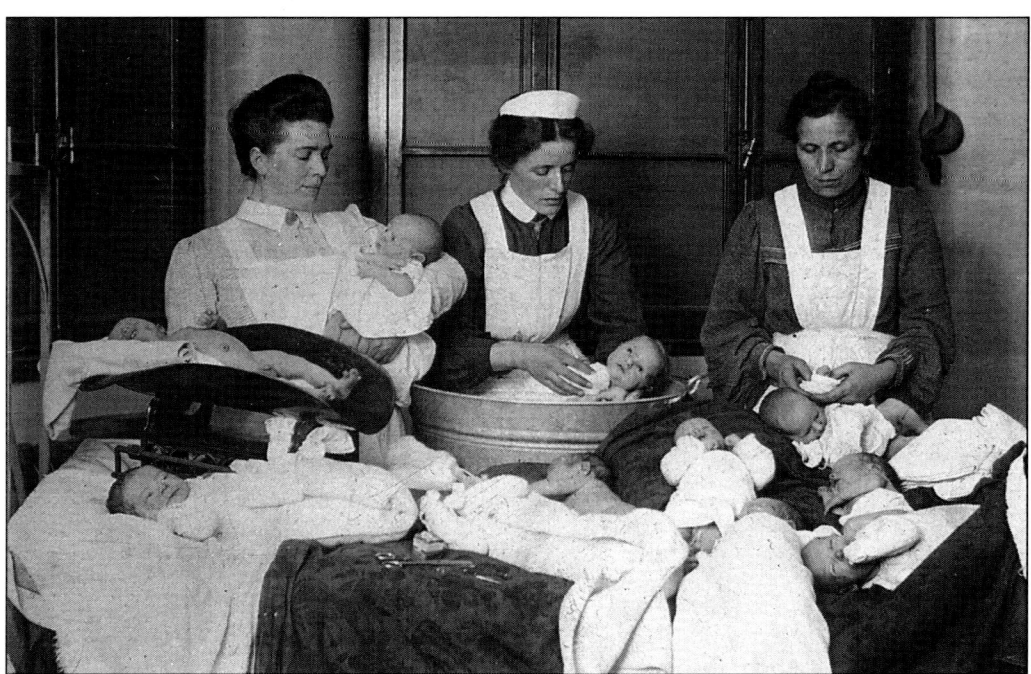

Wo kommen die kleine Höchster her? Seit dem Jahr 1900 sicher viele hier aus dem Wöchne-
rinnenheim der Farbwerke in der Siedlung Seeacker. Das bis zum Jahr 1962 bestehende Haus
wurde im Volksmund auch „Asyl" genannt und noch heute bezeichnen sich viele Höchster
scherzhaft als „Asylanten".

„Lebende Bilder" gehörten zu den allzeit beliebten Darbietungen im Rahmen verschiedenster Feierlichkeiten. Hier der Schützenverein mit einer phantasievollen Darstellung der Stadterhebung auf der Bühne des Volksbildungsheimes anläßlich einer Fahnenweihe im Jahr 1927.

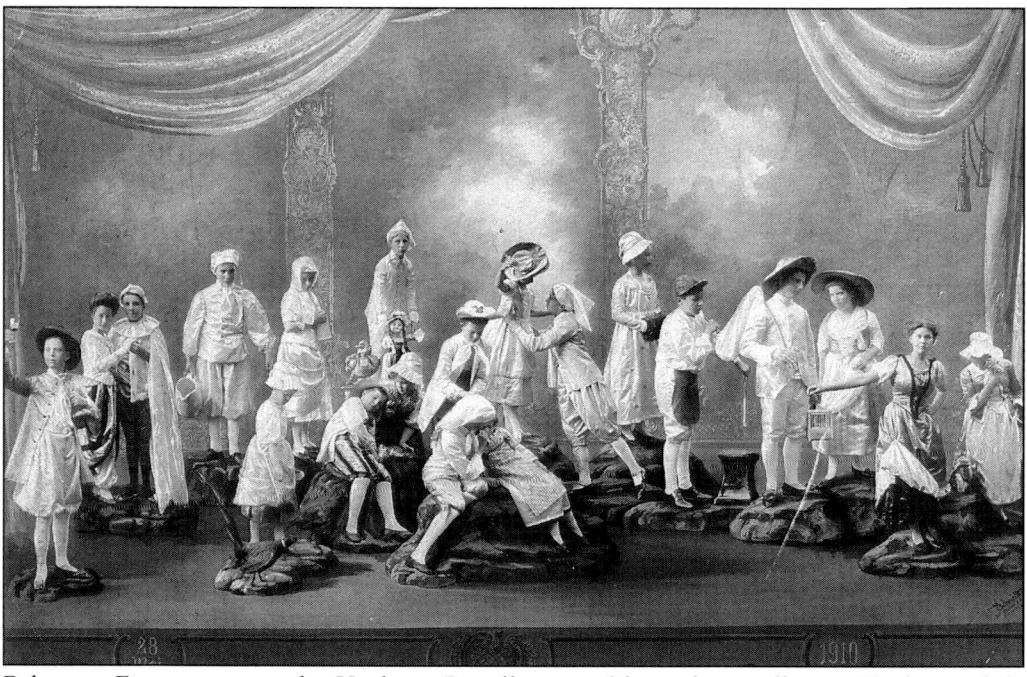

Bekannte Figurengruppen der Höchster Porzellanmanufaktur, dargestellt von Kindern anläßlich eines Polterabends im Jahr 1910. Ganz links Dolf von Brüning, Enkel des Mitbegründers der Farbwerke.

„Eine besonders hohe Ehre und Freude ist unserer Stadt dadurch zuteil geworden, daß Seine Majestät der Kaiser am 7. Mai auf der Fahrt zum Frankfurter Sängerwettstreit hier zur Besichtigung unseres Rathauses eintraf". Begleitet von Bürgermeister Dr. Janke verläßt Kaiser Wilhelm II. den Bolongaropalast.

Der Kaiserbesuch des Jahres 1913 war eines der großen Ereignisse. Die Honoratioren der Stadt ließen es sich nicht nehmen, sich aus diesem Anlaß selbst in einem festlichen Umzug zu präsentieren.

Nicht nur der Kaiser selbst, auch seine Untertanen liebten Inszenierungen. Hier die Einweihung des Bismarkdenkmals am 30. Mai 1899.

Einweihung des in Erinnerung an die Verdienste von Adolf und Clara von Brüning am Schloßplatz errichteten Brunnens im Jahr 1910. Im Hintergrund das Podest für die Ehrengäste. Der Brüningbrunnen wurde im Jahr 1938 an seinen jetzigen Standort am Marktplatz versetzt.

Der Schrecken des Ersten Weltkrieges kam in Gestalt zahlreicher Verwundeter auch nach Höchst. An mehreren Stellen im Stadtgebiet entstanden Hilfslazarette, so auch im Saal der evangelischen Kirchengemeinde in der Leunastraße.

Als Folge der Niederlage 1918 gehörte Höchst bis 1930 zum französisch besetzten Rheinland. Die Auflagen der Besatzungsmacht und die einquartierten Truppen belasteten die Stadt schwer. Bestenfalls die Kinder erfreuten sich in diesen Zeiten am Vorbeimarsch einer französischen Militärkapelle, wie hier in der Königsteiner Straße.

Eine französische Delegation vor dem Direktionsgebäude der Farbwerke.

Die letzte Stadtverordnetenversammlung und Mitglieder des Magistrats der Stadt Höchst auf einem kurz vor der Eingemeindung im Jahr 1928 im Kapellensaal des Bolongaropalastes aufgenommenen Gruppenbild. In der hinteren Reihe als dritter von links der letzte Höchster Bürgermeister Dr. Bruno Müller.

Trotz ständiger Zunahme des Automobilverkehrs, gehörten Unfälle wie dieser in der Justinus-
kirchstraße zu den eher seltenen und dementsprechend auch Aufsehen erregenden Vorfällen.

Nicht immer ging es dabei so glimpflich ab wie im vorherigen Bild. Trotz der geringen Ver-
kehrsdichte kam es auch zu tödlichen Unfällen, wie hier in der Bolongarostraße, um das Jahr 1930.

Knapp ein Jahr vor der Katastrophe von Lakehurst überflog das Luftschiff „Hindenburg" im Juli 1936 das Stadtgebiet und zog, nicht nur hier am Strandbad, die Aufmerksamkeit der Höchster auf sich.

Im Jahr 1932 fiel die berühmte Tilly-Linde auf der südlichen Mainseite einem Blitzschlag zum Opfer. Mit ihr verband sich die Erinnerung an eine Schlacht, die der berühmte Feldherr im Jahr 1622 bei Höchst gefochten hatte. Der wenig später gepflanzte Ersatz wurde nach Adolf Hitler benannt, der sich bald selbst als größten Feldherrn aller Zeiten bezeichnen ließ.

Zum Glück kein Ernstfall. Eine Übung der Höchster Feuerwehr an der ADA-ADA Schuhfabrik, um das Jahr 1935.

Der Brand des Farbenlagers im Juli 1933.

Die 1905 eingeweihte Synagoge am
Marktplatz wenige Jahre vor ihrer Zer-
störung durch die Nazis am 10. Novem-
ber 1938.

„Zäh wie Leder, hart wie Kruppstahl..." Sport und Spiel standen bei der Hitlerjugend im Dienst
der paramilitärischen Ausbildung. Hier eine Gruppe bei Fechtübungen im Höchster Stadtpark,
wenige Jahre bevor aus dem Spaß bitterer Ernst wurde.

Eine Abteilung der Hitlerjugend beim Appell auf dem Marktplatz. Im Hintergrund die Synagoge, die wenige Jahre später durch den Nazipöbel zerstört wurde.

Der Spielmannszug der Höchster Turner vor dem Bismarckdenkmal anläßlich der Feier zum 1. Mai 1933.

In einer Stadt mit überwiegend katholischer Bevölkerung gehörte die Fronleichnamsprozession lange zu den Pflichtterminen des jährlichen Festkalenders. Daran änderten auch die politischen Verhältnisse wenig, wie diese Aufnahme aus dem Jahr 1939 zeigt.

„Die Frauenschaft hilft der Wehrmacht beim Munitionstransport". So der Kommentar des Höchster Kreisblatts zu diesem Bild vom März 1941. Angehörige einer in der Höchster Kaserne stationierten FLAK-Einheit bei der Essensausgabe am „Eintopf-Sonntag" vor dem Bahnhof.

Vereidigung von Angehörigen einer Luftwaffeneinheit im Hof der Höchster Kaserne im Jahr 1941.

Mit dem 1933 vor dem katholischen Schwesternhaus in der Kasinostraße erschossenen SA-Scharführer Josef Bleser hatten die Höchster Nationalsozialisten ihren ersten und einzigen „Blutzeugen". Die Aufnahme zeigt den Vorbeimarsch einer Polizeieinheit im Rahmen einer 1935 theatralisch inszenierten Gedenkfeier.

Auch in Höchst präsentierte sich die „Bewegung", wie hier um 1935 am Bahnhofsplatz, mit häufigen Aufmärschen und Paraden.

Mitglieder der Luftschutz-Dienststelle bei einer Faschingsfeier im Gymnasium (heutige Robert-Koch-Schule), im Jahr 1941.

Treibstoff wurde im Verlauf des Krieges zunehmend zur Mangelware. Die städtischen Omnibusse, hier an der Haltestelle vor dem Bolongaropalast, wurden ersatzweise mit Stadtgas betrieben, das in einem Behälter unter einer Plane auf dem Dach mitgeführt wurde.

„Schütze dein Gut und Leben". Schaufensterwerbung für den Luftschutz im Kaufhaus Conrady, um 1940.

Auch wenn Höchst vergleichsweise wenig getroffen wurde, blieb es von den Bombenangriffen nicht ganz verschont. Bis Kriegsende wurden 53 Häuser im Stadtgebiet ganz oder teilweise zerstört, darunter auch das Eckhaus Brüningstraße/Leunastraße mit der Gaststätte „Zum goldenen Anker". Die Aufnahme entstand trotz strengen Verbots während der Aufräumarbeiten.

Amerikas Stimme in Europa kam aus Höchst. Von 1945 bis 1965 hatte der amerikanische Soldatensender AFN seinen Hauptsitz im Höchster Schloß.

Nein, der Mann vor der Tür ist nicht Elvis! Eine der seltenen Aufnahmen mit Bediensteten des Senders aus dem Jahr 1950. In der Mitte sitzend Hans Kaffenberger, der als Zivilangestellter für den AFN arbeitete.

Die „Käferplage" erreicht Höchst. Das Symbol des Wirtschaftswunders, wegen seiner geteilten Heckscheibe auch „Brezelkäfer" genannt, unter dem Hochseilmast der Fähre am Mainufer.

600 Jahre Stadtrechte, wenn das kein Grund zum feiern ist? Die Höchster schrieben das Jahr 1955 und wie hier in der Hilligengasse schmückten sie wieder ihre Straßen und Häuser.

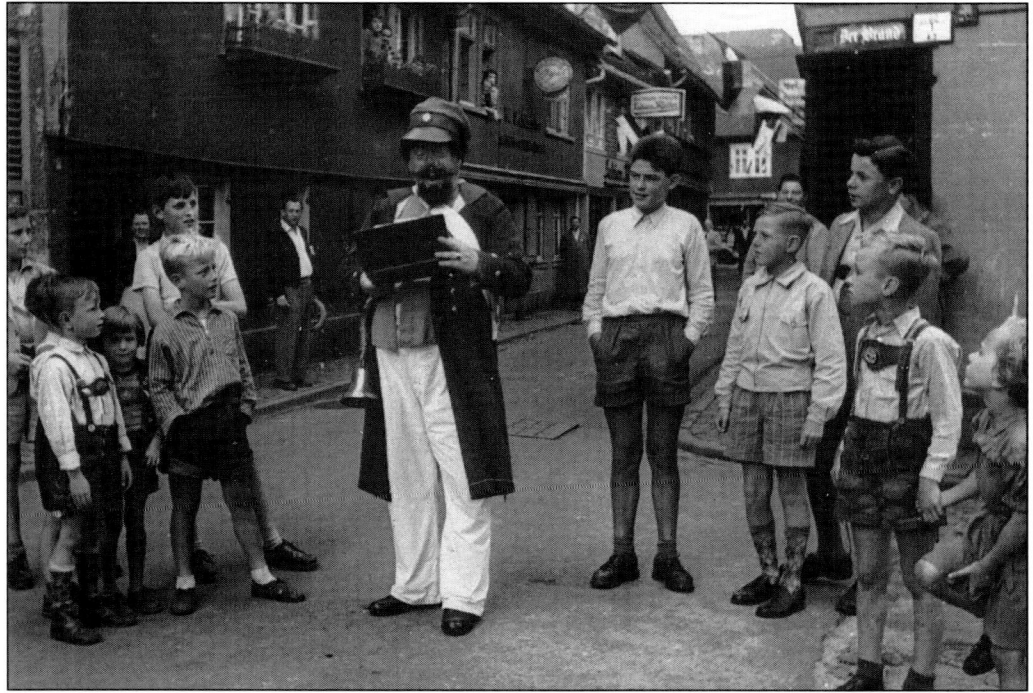

Das Stadtjubiläum des Jahres 1955 war ein Fest für alle. Ein Ausrufer machte das freudige Ereignis auch den Kindern bekannt.

Auch eine Kapelle der US-Army beteiligte sich am Festumzug der 600-Jahr-Feier. Sie bildete mit ihren beswingten Märschen lange Zeit die traditionelle Schlußnummer der späteren Schloßfestumzüge.

Unter dem Motto „Hoechst in aller Welt" beteiligten sich auch die Farbwerke mit einem Motivwagen am Umzug zur 600-Jahr-Feier der Stadt im Jahr 1955.

„Onkel Walter" begrüßt die Höchster Kinder. Frankfurts Oberbürgermeister Walter Kolb gehörte zu den legendären Persönlichkeiten der Nachkriegszeit. Er wohnte bis zu seinem Tod im Jahr 1956 im Gartenpavillon des Bolongaropalastes.

Turm und Brücke - das Technische Verwaltungsgebäude der Hoechst AG von Peter Behrens. Es war Vorbild für jenes Firmenzeichen, das Höchst fast ein halbes Jahrhundert lang in aller Welt berühmt machte. Heute ist auch dieses Zeichen schon Geschichte.

Auch in seinem Leben gab es fröhliche und schwere Stunden. Ein markantes Gesicht und stadt-
bekanntes Faktotum im Höchst der sechziger Jahre: der „Fritz" im Gasthaus „Zur goldenen Rose".

Die Heimat entdecken!

Von Kiel bis Wien,
von Aachen bis Görlitz:
Entdecken Sie Alltagsgeschichten
aus Ihrer Heimatstadt!

Leben in der Großstadt ...

Tauchen Sie ein in das quirlige Großstadtleben vergangener Tage. Spazieren Sie über breite Boulevards und stürzen Sie sich ins Nachtleben. Erkunden Sie ihre Stadt durch die Fensterscheiben einer Straßenbahn oder des ersten Käfers und bewundern Sie prächtig geschmückte Schaufenster.

… und ländliche Idylle

Wie sah das Leben in Ihrer Heimat aus, als die Bauern noch mit Pferden pflügten und jedes Dorf seinen eigenen Schmied hatte, jeder noch jeden kannte und das Leben sich zwischen Kirche, Wirtshaus und Wohnküche abspielte?

www.suttonverlag.de

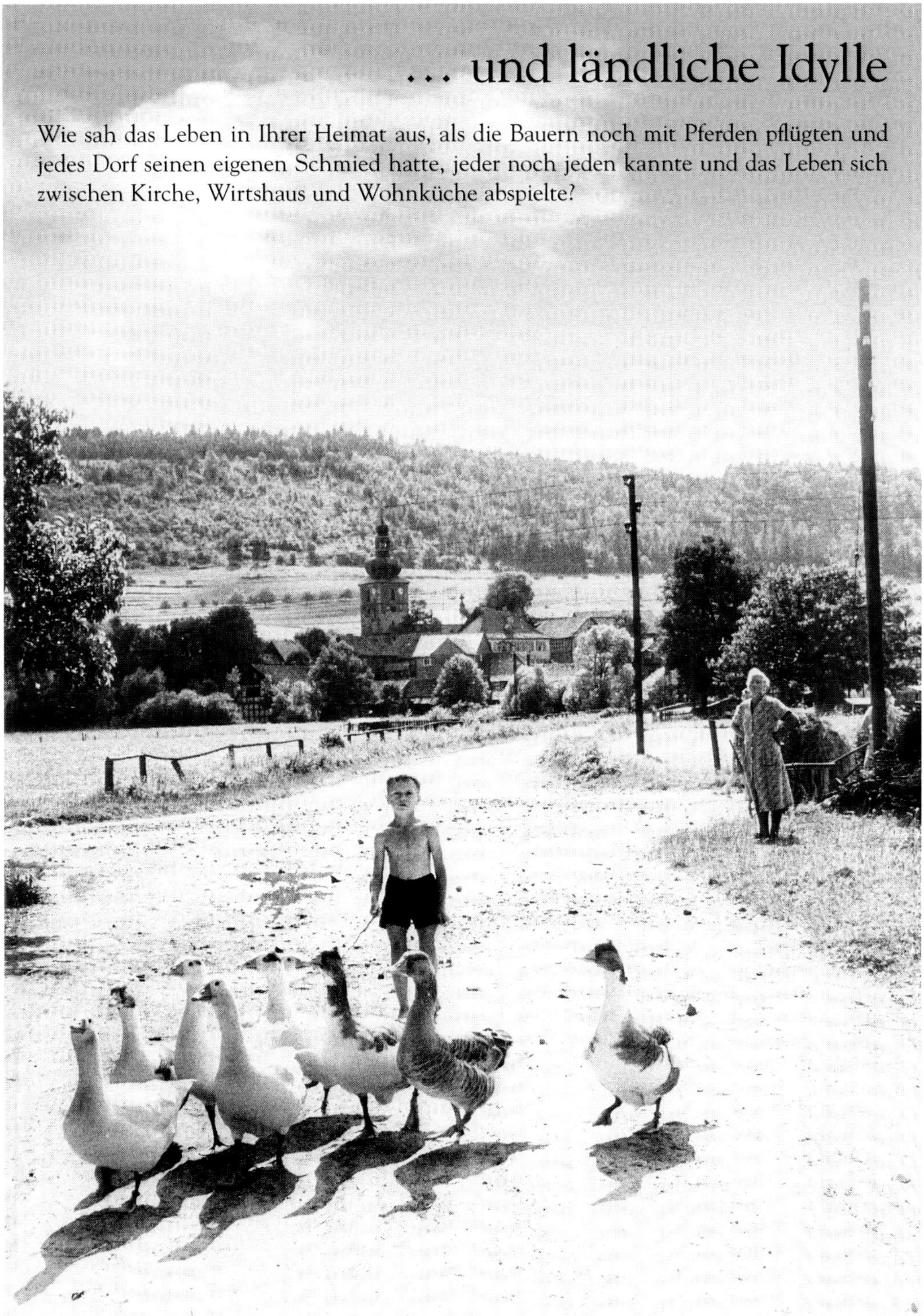

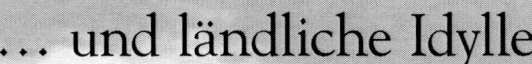

Erinnerungen an die Schulzeit …

Erinnern Sie sich noch an die Zeiten von Abakus und Schiefertafel, an Klassenausflüge oder den ersten Taschenrechner? Blicken Sie zurück auf große Klassen und gestrenge Schulmeister, entdecken Sie auf Klassenfotos Freunde und Bekannte von früher!

... und das Arbeitsleben

Entdecken Sie, wie sich das Arbeitsleben in den letzten hundert Jahren verändert hat. Werfen Sie einen Blick in Fabrikhallen, blicken Sie Handwerksmeistern bei ihrer Arbeit über die Schulter und erinnern Sie sich an den Einkauf im Tante-Emma-Laden.

www.suttonverlag.de

Gesellige Stunden im Verein …

Fußballclub und Schützenverein, Musikkapelle und Gesellenverein: Schauen Sie zurück auf Volksfeste und Turniere, Chorproben oder Prunksitzungen. Erinnern Sie sich an schöne Stunden und das gesellschaftliche Leben in Ihrer Heimat.

... und im Familienkreis

Werfen Sie einen Blick in die Wohnzimmer vergangener Tage und entdecken Sie, wie sich zwischen schweren Eichenmöbeln, Nierentischen und Ikea-Regalen der Alltag verändert hat. Erleben Sie Familienfeiern und Weihnachtsfeste im Wandel der Jahrzehnte mit.